O PORCO-ESPINHO PASSEAVA PELA FLORESTA,
SEUS ESPINHOS FORMANDO UMA COROA
PROTETORA AO REDOR DELE.

O PORQUINHO BRINCAVA ALEGREMENTE NA LAMA, FAZENDO GRUNHIDOS DE FELICIDADE ENQUANTO SE SUJAVA TODO.

O PINTINHO APRENDIA A DAR SEUS PRIMEIROS PASSOS.

O PASSARINHO CANTAVA ALEGREMENTE EM SEU NINHO ESPERANDO PELA PRÓXIMA REFEIÇÃO.

A OVELHA FOFINHA PASTAVA CALMAMENTE NO CAMPO, SUA LÃ MACIA BRILHANDO AO SOL.

O MACAQUINHO TRAVESSO EXPLORAVA CADA CANTO DA FLORESTA COM SUA AGILIDADE.

**UM UNICÓRNIO MAJESTOSO RELUZIA COM SUAS CORES MÁGICAS.**

O LEÃOZINHO BRINCAVA COM SEUS IRMÃOS, PRATICANDO SUAS HABILIDADES DE CAÇA SOB O OLHAR ATENTO DO PAI LEÃO.

O GUAXINIM CURIOSO EXPLORAVA A FLORESTA À NOITE EM BUSCA DE TESOUROS ESCONDIDOS.

A GIRAFINHA ESTICAVA SEU LONGO PESCOÇO
PARA ALCANÇAR AS FOLHAS MAIS ALTAS DAS ÁRVORES.

O LEOPARDO VELOZ CORRIA PELA SAVANA.

O ESQUILO ÁGIL SALTAVA DE GALHO EM GALHO, COLECIONANDO NOZES E SEMENTES.

O COELHO FOFO SE PREPARAVA PARA ALEGRAR AS CRIANÇAS.

O COALA PREGUIÇOSO DORMIA TRANQUILAMENTE
EM SEU EUCALIPTO FAVORITO.

O PÔNEI TROTAVA PELA ESTRADA COM SUA CRINA AO VENTO, MOSTRANDO SUA GRAÇA E FORÇA.

A VAQUINHA PASTAVA NO PASTO ENQUANTO MASTIGAVA SEU CAPIM.